꿀벌과 함께 시작돼요

Original title : It Starts with a Bee
Written by Aimee Gallagher and illustrated by Jennie Webber
ⓒ 2022 Quarto Publishing Plc
First published in 2022 by QED Publishing, an imprint of The Quarto Group
All rights reserved.

No part of this book may be reproduced, transmitted,
or stored in an information retrieval system in any form or by any means,
graphic, electronic, or mechanical, including photocopying, taping, and recording,
without prior written permission from the publisher.

KOREAN language edition ⓒ 2023 by Bomnamu Publishing,
An imprint of Hans Media
KOREAN translation rights arranged with The Quarto Group through
Pop Agency, Korea.

● 이 책의 한국어판 저작권은 팝 에이전시(POP AGENCY)를 통한
저작권사와의 독점 계약으로 봄나무가 소유합니다.
● 신 저작권법에 의하여 한국 내에서 보호를 받는 저작물이므로 무단 전재와 무단 복제를 금합니다.

꿀벌과 함께 시작돼요

2023년 5월 2일 초판 발행

에이미 갤러거 글 ● 제니 웨버 그림 ● 정희경 옮김

펴낸이 김기옥 ● 펴낸곳 봄나무 ● 아동 본부장 박재성
편집 한수정 ● 디자인 블루 ● 판매전략팀 김선주, 서지운 ● 제작 김형식 ● 지원 고광현, 임민진
등록 제 313-2004-50 호(2004년 2월 25일) ● 주소 121-839 서울시 마포구 양화로 11길13(서교동, 강원빌딩 5층)
전화 02-325-6694 ● 팩스 02-707-0198 ● 이메일 info@hansmedia.com
봄나무 홈페이지 https://www.hansmedia.com ● 봄나무 인스타그램 https://www.instagram.com/_bomnamu
봄나무 블로그 https://blog.naver.com/bomnamu_books

도서주문 한즈미디어 (주)
주소 121-839 서울시 마포구 양화로 11 길 13(서교동, 강원빌딩 5층) ● 전화 02-707-0337 ● 팩스 02-707-0198

ISBN 979-11-5613-201-1 73470

• 이 책 내용의 일부 또는 전부를 사용하려면 반드시 저작권자와 봄나무 양측의 동의를 얻어야 합니다.
• 책값은 뒤표지에 나와 있습니다.

작은 벌이 세상을 아름답게 꽃피워요

꿀벌과 함께 시작돼요

에이미 갤러거 글 | 제니 웨버 그림 | 정희경 옮김

봄나무

벌과 함께 시작돼요…….

그런데 벌은 어디에 가 있는 걸까요?

겨울에 벌들은 서로 마주 보며
모여 있어요.
기온이 올라가서 날이 따뜻해지면,
드디어 그들의 일이 시작돼요!

먹이 창고는 텅 비어 있고,
봄은 벌들에게 집 밖으로 나오라고 속삭여요.
달콤한 향기와 화려한 색깔을 자랑하는 꽃들이
끝없이 펼쳐져 있어요!

설강화, 수선화, 크로커스,

데이지 같은 꽃들이 피어 있어요.

벌들은 부지런히 꽃들을 찾아가요.

게으름 피울 시간이 없어요!

달콤한 꽃꿀이 벌들을 유혹해요.

꽃이 활짝 피면 벌들은 꽃 안으로 들어가

단맛이 나는 영양분을 마시고,

다시 '윙' 하고 빠르게 날아가요.

벌들은 다리에 달린 꽃가루 통에
꽃가루를 가득 채워요.
그리고 소식을 전하기 위해
서둘러 무리로 돌아가요.

벌들은 어디에서 꽃을 찾아서

꽃가루를 구할 수 있는지

친구들에게 알려 주기 위해

신호 춤을 춰요.

먹을거리를 더 많이 찾기 위해
벌은 정원으로 돌아가요.
움직일 때마다 꽃가루가 벌의 다리와
몸통, 발에 달라붙네요.

벌들이 이리저리 움직일 때
꽃가루도 여기저기 옮겨져요.
꽃 안으로 들어간 꽃가루는 열매를 맺고
쑥쑥 자라요.

봄이 지나가고 여름이 오면,
더 많은 꽃잎이 활짝 펴요.
벌들은 빙빙 돌며
정원의 먹이 창고를 찾아가요.

식물은 보금자리를 만들어요.

거기에서 나뭇잎에 사는 곤충부터

땅속에 사는 벌레까지

다양한 생명체가 살아가요.

벌들은 작은 생명체들이

사는 마을을 쉬지 않고 날아다녀요.

그들이 윙윙거리는 소리가

해 질 녘을 장식해요.

작지만 부지런한 벌 친구들, 정말 고마워요.

……그리고 그 열매가 우리의 점심으로 왔답니다!

다양한 종류의 벌들

세계에는 2만 종이 넘는 벌이 있습니다. 모든 벌이 꿀을 생산하거나 커다란 군집(한곳에서 살아가는 여러 마리의 모임)을 이루어 살아가는 것은 아니지만, 그들은 각각 중요한 역할을 맡고 있습니다.

호박벌은 통통하고 온몸이 털로 덮여 있습니다. 몸집은 대개 꿀벌보다 더 큽니다. 호박벌은 꽃들과 작물들을 수분(꽃가루가 곤충, 바람, 물 등으로 식물에 옮겨지는 일. '꽃가루받이'라고도 해요)시키는 매우 중요한 일을 합니다. 그들은 200마리 정도 군집을 이루며 살아갑니다. 땅속이나 정원 창고, 나무나 나뭇잎 더미 아래에 구멍을 파서 둥지를 짓습니다.

꿀벌은 호박벌보다 더 작고 날씬합니다. 그들은 수천 마리가 매우 큰 벌집에서 살면서 꿀을 만들어 냅니다. 사람들이 만든 인공 벌집에서 사는 꿀벌들도 있습니다. 꿀벌들은 대부분 속이 빈 나무나 바위 또는 돌담에 생긴 틈에 몸에서 나오는 밀랍(꿀벌이 꽃에서 모은 당으로 몸에서 만들어요)으로 벌집을 짓습니다.

어리호박벌은 반짝거리는 검은 배가 있는 모습이 호박벌처럼 보이기도 합니다. 그들은 큰 무리를 이루지 않고 혼자 생활하며 꽃들과 식물들을 수분시킵니다. 어리호박벌은 알을 낳는 나무에 구멍을 뚫어 살아갑니다.

청줄벌은 몸집이 큰 것도 있고 작은 것도 있으며 털이 있는 것도 있고 없는 것도 있습니다. 이들은 꽃가루 매개자(둘 사이를 맺어 주는 사람 또는 생물)로서 중요한 역할을 합니다. 청줄벌은 지하 굴에서 홀로 생활하지만, 다른 청줄벌들과 이웃하여 살아갑니다.

수분이 일어나는 과정

아름다운 꽃들이
달콤한 향기와 화려한 꽃잎의
색깔과 모양으로 벌들을
끌어들입니다.

꽃꿀은 꽃잎이 시작되는 부분에 있는
꿀샘에서 나옵니다.
벌들이 달콤한 꽃꿀을 모을 때,
수술에서 나오는 꽃가루가 솜털로 뒤덮인
벌들의 몸통과 다리에 달라붙습니다.

벌은 더 많은 꽃꿀을 모으기 위해
또 다른 꽃을 찾아갑니다.

한 번 비행할 때마다 벌은
거의 100송이의 꽃을 찾아갑니다.

수술

……덕분에 열매가 풍성하게 익을 수 있었어요…….

암술머리   밑씨

벌이 또 다른 꽃에서 꽃꿀을 모을 때, 벌의 몸에 붙어 있던 꽃가루가 식물의 암술머리에 붙습니다.

꽃가루는 꽃의 밑씨와 만납니다. 꽃가루가 합쳐지면 밑씨는 씨를 가진 열매로 자라납니다.

벌이 수분을 도와주지 않는다면 꽃들은 열매나 씨를 맺을 수 없어서 새로운 식물을 탄생시킬 수 없습니다.

……열심히 일해 주어서……

화제의 신간

아빠가 이끌어요, 엄마가 이끌어요

준 스몰스 글 | 시모카와라 유미 그림 | 김영옥 옮김
각권 254×254 | 32쪽 | 14,000원

모계 사회의 대표 동물 코끼리와 부계 사회의 대표 동물 마운틴고릴라의 야생 속 삶을 생생한 그림으로 나타냈어요. 위험한 일에 앞장서고 약자를 보호하는 두 동물의 모습에서 진정한 리더의 자세를 배울 수 있어요.

권장 대상 1~3학년

외톨이

스콧 스튜어트 글·그림 | 정희경 옮김 | 225×275 | 40쪽 | 14,000원

신비한 우주를 배경으로 펼쳐지는 지구의 험난한 친구 찾기 여행이 과학적 사실과 상상력이 더해져 아기자기한 그림과 함께 한 권에 펼쳐져요.

권장 대상 : 1~2학년

2021 올해의 환경책 · 청소년 기후행동 추천 도서

세상이 조용해졌어요

에두아르다 리마 글·그림 | 정희경 옮김 | 215×280 | 44쪽 | 14,000원

하늘의 새들은 더 이상 날아다니며 노래하지 않았어요. 땅의 동물들도 움직이거나 울지 않았어요. 모두 약속이나 한 듯 고요하게 멈춰 버린 세상에서 동물들은 사람들에게 무얼 말하고 싶은 걸까요?

권장 대상 : 1~2학년

동아일보 경향신문 추천 · 다운복지관 추천 도서 · 화제의 신간

스즈짱의 뇌   아이짱의 비밀

다케야마 미나코 글 | 미키 하나에 그림
김정화 옮김 | 우노 요타 감수
242×280 | 36쪽 | 12,000원

다케야마 미나코 글
에가시라 미치코 그림 | 남가영 옮김
242×280 | 40쪽 | 14,000원

다운증후군을 가진 아이짱과 자폐스펙트럼을 가진 스즈짱이 평범한 친구들과 일반 초등학교에서 보내는 일상을 따뜻한 그림과 두 친구의 어머니가 직접 쓴 감동적인 편지로 만나요.

권장 대상 : 3~4학년

꿀벌과 함께 시작돼요

에이미 갤러거 글 | 제니 웨버 그림 | 정희경 옮김
210×290 | 34쪽 | 14,000원

화제의 신간

자연의 성실한 일꾼은 어떻게 세상을 생명이 살아 숨 쉬는 천국으로 바꾸는 걸까요? 작지만 소중한 우리 친구 벌과 함께 바뀌는 계절을 따라 생명의 여행을 떠나 봐요.

권장 대상 : 1~3학년

나의 눈이 너의 눈이야

루스 윌록스, 줄리어스 셀런스 지음 | 정희경 옮김
삼성화재안내견학교 감수 | 250×260 | 64쪽 | 14,000원

삼성화재 안내견학교 추천 도서

한우리 선정 도서

안내견은 까다로운 선발 기준과 엄격한 훈련을 거쳐야만 될 수 있어요. 이 모두를 통과한 레트리버 리노가 어엿한 안내견이 되기까지 어떤 과정을 겪었는지 소개해요.

권장 대상 : 3~4학년

오늘도 멋진 생각이야!

베아트리스 로드리게즈 글·그림 | 정수민 옮김
각 권 195×260 | 각 권 88쪽 | 각 권 14,000원

평범한 하루에서 마주할 수 있는 사소하지만 한 번쯤은 생각할 수 있는 주제들을 21가지 에피소드로 잔잔하게 소개합니다. 주인공 코알라와 친구 새 그리고 카멜레온이 나누는 재치와 익살스러움은 어린이 독자의 상상력을 키워 줍니다.

권장 대상 : 3~4학년

오월 광주는 다시 희망입니다

고정순 글·그림 | 196×270 | 44쪽 | 12,000원

지난 2017년 5월 18일, 5.18 민주화 운동 기념식에서 나온 대통령의 기념사를 담담하면서도 서정적인 그림으로 담은 책입니다. 대통령의 진심 어린 말이 주는 감동을 그림으로 옮겨 위로와 희망의 메시지를 나눌 수 있습니다.

권장 대상 : 3~4학년

과학·수학 그림책

화제의 신간

똑똑한 표와 대단한 그래프
스튜어트 머피 글 | 테레사 벨론 그림 | 정희경 옮김
287×223 | 40쪽 | 14,000원

정보를 조사하는 법과 모으는 법을 소개해요. 이 정보들을 바탕으로 다양한 그래프를 그리는 법과 원, 막대, 선, 그림그래프에 어떤 특징이 있는지 알려 줘요.

권장 대상 : 1~4학년

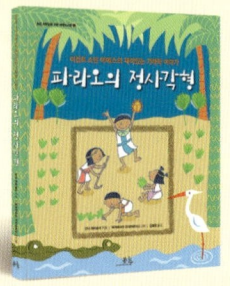

파라오의 정사각형
안나 체라솔리 글 | 데지데리아 귀차아르디니 그림 | 김효정 옮김
210×255 | 67쪽 | 11,000원

이 세상에 기하학이 처음 생긴 이야기를 풀어 낸 책입니다. 이집트 인들은 기발한 방법으로 근사한 피라미드를 만들고 강이 넘쳐 허물어진 밭의 경계를 나누었어요. 이 방법은 기하학의 시작이 되었답니다.

권장 대상 : 1~4학년

숫자의 발명
안나 체라솔리 글 | 데지데리아 귀차아르디니 그림 | 이현경 옮김
200×245 | 68쪽 | 11,000원

아직 숫자가 없던 원시 시대를 배경으로 세상에 숫자가 처음 생긴 이야기를 어린이들에게 소개해요. 어린이다운 상상력과 창의력으로 '멋지게' 숫자의 개념을 깨친 한 원시인 소녀의 이야기에서 숫자 개념을 알 수 있어요.

권장 대상 : 1~4학년

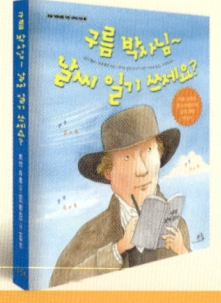

구름 박사님~ 날씨 일기 쓰세요?
줄리 해너, 조앤 홀럽 글 | 페이지 빌린-프라이 그림 | 이수영 옮김
허창회 감수 | 205×252 | 72쪽 | 11,000원

구름에 이름을 붙여 현대 기상학의 기초를 닦은 루크 하워드의 삶으로 날씨 과학 이야기를 재미있게 배워 보는 책입니다. 구름의 열 갈래 분류법과 눈, 비, 바람, 번개와 같은 다양한 날씨 이야기를 들려줍니다.

권장 대상 : 1~4학년

나무를 자르기 전에
아리안나 파피니 글·그림 | 김현주 옮김
233×287 | 36쪽 | 14,000원

화제의 신간 | 2018 안데르센상 수상 작가 | 조선일보 동아일보 추천

세상의 모든 나무를 지키고 싶은 열망이 담긴 아름다운 노래를 이 책에 담았어요. 생명과 환경의 소중함을 나타낸 생생한 그림을 통해 나무와 환경을 바라보는 눈이 달라질 거예요.

권장 대상 : 1~3학년

아빠, 왜 히틀러한테 투표했어요?
디디에 데냉크스 글 | 페프 그림 | 정미애 옮김 | 190×260 | 44쪽 | 12,000원

나치 정권을 살아가는 한 독일 가정의 이야기를 담은 책입니다. 나치당의 히틀러가 권력을 손에 넣는 과정과 나치 독일에서 벌어진 장애인 학대, 전쟁의 참혹함을 어린아이의 눈으로 담담하게 들려줍니다.

권장 대상 : 3~4학년

2015 샬롯졸로토상 수상 | 눈높이 창의독서 선정 도서

나부댕이!
제니 오필 글 | 크리스 아펠란스 그림 | 이혜선 옮김 | 235×248 | 32쪽 | 11,000원

상대를 있는 그대로 인정해 나가는 과정을 잔잔한 글과 서정적인 그림으로 보여 줍니다. 주인공 소녀는 나와 다르다고 상대를 바꾸려는 일이 오히려 자신을 힘들고 외롭게 한다는 걸 나부댕이를 통해 배워 갑니다.

권장 대상 : 1~2학년

까만 산타
신원미 글 | 정연주 그림 | 215×266 | 32쪽 | 11,000원

산타 모자를 쓴 까마귀가 골목을 뒤지며 버려진 물건을 찾고 있어요. 손을 본 선물을 숲속 친구에게 몰래 선물한 까마귀는 다른 사람을 생각하는 마음의 소중함을 알려 줍니다.

권장 대상 : 1~2학년

예술 그림책

볼로냐 일러스트 원화전 수상 작가

화제의 신간

책이란

안드레스 로페스 글·그림 | 성소희 옮김 | 190×270 | 40쪽 | 13,000원

책에는 어린이들이 무궁무진한 꿈을 그리고 볼 수 있는 세상이 담겨 있어요. 무엇 하나 해로운 것 없는 책은 어린이들에게 어떤 의미일까요? 《책이란》에서 무엇이 책인지, 책은 어떤 세상을 만나게 해 주는지 확인해 보세요.

권장 대상 : 1~2학년

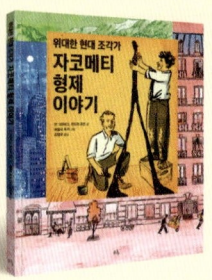

위대한 현대 조각가 자코메티 형제 이야기

얀 그린버그, 샌드라 조던 글 | 해들리 후퍼 그림 | 김영옥 옮김
228×280 | 64쪽 | 14,000원

세상에 널리 알려진 조각가 자코메티 형제의 이야기예요. 개성 있고 재능이 있는 형제가 20세기 대표 예술가가 되기까지의 이야기가 64쪽에 걸쳐 화려한 그림과 함께 감각적으로 흐릅니다.

권장 대상 : 4~6학년

베르토를 찾아서

이베테 델옴 글 | 신타 아리바스 그림 | 성소희 옮김 | 270×226 | 64쪽 | 13,000원

갑작스럽게 사라진 베르토를 찾아 주인공 어린이 다섯 명이 뉴욕의 유명한 장소에서 만난 다양한 음악을 소개합니다. 대표적인 음악 장르 '라틴·재즈·클래식·힙합·뮤지컬'을 흥미롭게 만나며 관련 지식들을 핵심만 추려 알려 줍니다.

권장 대상 : 4~6학년

눈높이 창의독서 선정 도서

키스 해링 낙서를 사랑한 아이

카이 해링 글 | 로버트 뉴베커 그림 | 황유진 옮김 | 237×288 | 48쪽 | 12,000원

누구보다 예술을 사랑하고 예술을 더 많은 사람들과 나누고 싶어 했던 팝 아티스트, 키스 해링의 삶을 다룬 그림책입니다. 보이는 곳에는 어디든 그림을 그렸던 키스 해링의 유년 시절이 따뜻한 글과 에너지 넘치는 그림에 잘 담겨 있습니다.

권장 대상 : 3~4학년

글 에이미 갤러거
노퍽에서 살고 일하는 예술가 겸 일러스트레이터입니다. 케임브리지대학에서 미술사를 공부한 뒤 10년 동안 독립 예술가로 일해 왔습니다. 네 권의 그림책을 그리고 썼습니다. 엄마가 된 이후로 자연 세계를 주제로 유익한 어린이 시를 써 왔습니다. 작가님의 작품들은 어린이들이 흔히 볼 수 있는 현상을 쉽게 설명하면서 아름다운 운율로 흥미를 일으킵니다.

그림 제니 웨버
런던에서 활동하는 시각 예술가이자 판화가입니다. 자신이 그린 그림과 동판화에 자연의 다양성을 녹여 내고, 세계에 품고 있는 강렬한 호기심을 담았습니다. 작가님의 모든 작품에는 '보전'이라는 주제가 살아 숨 쉽니다. 이는 많은 사람이 자연의 아름다움에 푹 빠진다면 환경을 지킬 것이라는 믿음에서 비롯한 작가의 바람이 담겨 있기도 합니다.

옮김 정희경
연세대학교를 졸업하고 출판 기획자로 활동하다, 번역을 통해 품위 있는 책을 만드는 작업에 매진하고 있습니다.
- **옮긴 책** : 〈인포그래픽스〉 과학 시리즈, 〈과학은 아름답다〉 시리즈, 《나의 눈이 너의 눈이야》, 《세계 환상 동물 도감》, 《외톨이》 외 다수